CATALOGUE

D'UNE

BELLE COLLECTION

D'ESTAMPES

ANCIENNES & MODERNES

Provenant de l'Étranger

DONT LA VENTE AUX ENCHÈRES PUBLIQUES AURA LIEU

HOTEL DES COMMISSAIRES-PRISEURS

Rue Drouot, n° 5

SALLE N° 4, AU 1er ÉTAGE

Les Vendredi 13 et Samedi 14 Mars 1868

A UNE HEURE

M° **DELBERGUE-CORMONT**, Commissaire-Priseur,
rue de Provence, 8,

Assisté de **M. CLEMENT**, M^d d'Estampes de la Bibliothèque impériale,
rue des Saints-Pères, 3,

Chez lesquels se délivre le présent Catalogue.

EXPOSITION PUBLIQUE

Le Jeudi 12 Mars 1868, de une heure à cinq heures

PARIS

RENOU & MAULDE

IMPRIMEURS DE LA COMPAGNIE DES COMMISSAIRES-PRISEURS
Rue de Rivoli, 144

1868

CONDITIONS DE LA VENTE

Elle sera faite au comptant.

Les Acquéreurs payeront CINQ POUR CENT en sus du prix des adjudications.

ORDRE DES VACATIONS

PREMIÈRE VACATION. — *Le Vendredi 13 Mars 1868 :*

Nos 1 à 155.

DEUXIÈME VACATION. — *Le Samedi 14 Mars 1868 :*

Nos 156 à 304.

DÉSIGNATION

DES

ESTAMPES

ALTDORFER (ALBERT)

1 — Mercure sautant dans la mer (B. 29).
Belle épreuve avec la lettre.

ANDERLONI (PIERRE)

2 — Le Jugement de Salomon, d'après Raphaël.
Très-belle épreuve avant toutes lettres et avant la bordure terminée.

3 — La même Estampe.
Belle épreuve avec lettre.

4 — Attila saisi d'effroi à l'apparition des apôtres saint
Pierre et saint Paul, d'après Raphaël.
Superbe épreuve d'artiste avant toutes lettres.

5 — La Sainte-Famille, d'après Nicolas Poussin.
Très-belle épreuve avant toutes lettres.

AUDRAN, DUCHANGE ET AUTRES

6 — Jésus chassant les vendeurs du Temple, la Pêche
miraculeuse, le Portement de croix, la Résurrection
de Lazare, la Mort d'Ananie, le Martyre de saint Laurent, saint Paul et saint Barnabé preschent et font des
miracles en la ville de Lystre et le Martyre de saint
Protais.
Dix pièces d'après Mignard, Lesueur, Raphaël, Lebrun et Jouvenet.

AUDRAN ET EDELINCK

7 — Les Batailles d'Alexandre.

Sept pièces.

BALECHOU (J.)

8 — Les Baigneuses, d'après J. Vernet.

BARGAS (A. F.), SCHOUTE

9 — La Foire de village, 1ᵉʳ état, fête flamande, 2 pièces.

Très-belles épreuves.

BASSE (W.), CRAYER ET AUTRES

9 bis. Douze Pièces sujets religieux, etc.

BELLIN (S.)

10 — Enfants jouant avec des fleurs, d'après E. Magnus.

BERGHEM (Nicolas)

11 — Le Joueur de cornemuse. Pièce connue sous le nom du Diamant (B. 4).

Très-belle épreuve. (Collection Arozarena.)

BERVIC (Ch. Clément)

12 — L'éducation d'Achille, d'après Regnault.

13 — L'Innocence, d'après Mérimé.

Très-belle épreuve avant la lettre et avant le camée de la Société des Amis des Arts.

14 — Louis XVI en pied et en manteau royal, d'après Callet.

Très-belle épreuve avant la lettre, signée du graveur.

BLANCHARD (M. A.)

15 — Le Christ Rédempteur, d'après Ary-Scheffer.
Superbe épreuve avant toutes lettres et avant les inscriptions dans le haut de la gravure; elle est sur papier de Chine.

16 — La Descente de Croix, d'après Rubens.
Très-belle épreuve avant toutes lettres, sur papier de Chine; elle n'est pas entièrement terminée.

17 — Le Repos en Egypte, d'après Bouchot.
Superbe épreuve d'artiste avant la bordure, sur papier de Chine; elle est signée du graveur.

18 — La même Estampe.
Très-belle épreuve avant la lettre, sur papier de Chine.

19 — La même Estampe.
Avec la lettre.

20 — Faust et Marguerite, d'après Scheffer.
Superbe épreuve avant toutes lettres, sur papier de Chine.

21 — La même Estampe.
Belle épreuve avant la lettre.

22 — Portrait d'Elisabeth de Bourbon, d'après Rubens.
Très-belle épreuve d'artiste avant la bordure.

BLOEMART (A.)

23 — Sacrifice romain, d'après Pierre de Cortone.

BLOT (MAURICE)

24 — Les Bergers d'Arcadie, d'après Nicolas Poussin.
Belle épreuve avant la lettre (lettres tracées).

BOEL (P.)

25 — La Chasse au sanglier (B. 7).
Très-belle épreuve avec les initiales du maître gravées en petits caractères.

BOLSWERT (Schelte A.)

26 — Le Christ à l'éponge, d'après Van Dyck.

Magnifique épreuve d'un premier état non décrit avant la couronne d'épines autour de la tête du Christ, avec la main de saint Jean sur l'épaule gauche de la Vierge et avant l'ombre portée devant le gros doigt du pied de l'homme qui présente l'éponge; elle est aussi avant les noms de Bolswert et de Van Dyck qui se trouvent au bas à droite et à gauche de la gravure.

De la plus grande rareté.

27 — Le Couronnement d'épines, d'après Van Dyck.

Magnifique épreuve du 1er état, avant les contre-tailles au vêtement et à la jambe gauche du second soldat qui est debout à la droite de l'estampe. Très-rare de cette beauté; elle a de la marge.

28 — La même Estampe.

Même état que le précédent.

29 — Brauwer (Adrien), Barbé (Jean-Baptiste), 2 pièces d'après Van Dyck.

Anciennes épreuves.

BONASONE (J.)

30 — Dieu créant Eve pendant le sommeil d'Adam (B. 1).

Magnifique épreuve.

BOTH (J.)

31 — Le Chariot attelé de Bœufs (B 2).

Très-belle épreuve avec l'adresse de Matham.

32 — La même Estampe.

Du même état.

33 — Le grand Arbre (B. 3).

Très-belle épreuve du même état que la précédente

34 — Les deux Mulets (B. 4).

Très-belle épreuve du même état que les deux premières.

35 — Le Chariot attelé de bœufs (B. 2); le grand Arbre (B. 3); les deux Mulets (B. 4).

Très-belles épreuves avec l'adresse de Matham effacée (les n°s 2 et 3 sont doubles). En tout 5 pièces.

36 — Le Pont de pierre (B. 5).

Superbe épreuve du 1er état avant le nom de Both.

37 — Le Pont de pierre (B. 5); le Muletier (B. 6); le Trajet (B. 7); les Pêcheurs (B. 9); le Pont de bois (B. 10). 5 pièces.

Belles épreuves avec le nom de Both et avant les numéros.

38 — Le Muletier (B. 6).

Superbe épreuve du 1er état avant le nom de Both. (Collection du comte de Fries.) Elle a de la marge.

39 — Les cinq Sens de l'homme (B. 11 à 15).

Superbes épreuves du 2e état, avant les numéros répétés dans la marge du bas et avant l'adresse de F. de Wit.

40 — La même suite.

Belles épreuves du même état que la précédente.

BOTH (A.)

41 — Le Moine quêteur (B. 4).

Épreuve d'eau-forte pure.

42 — Les Débauchés (B. 9); les Ivrognes (B. 10). 2 pièces.

Très-belles épreuves.

BOULANGER, VERMEULEN ET AUTRES

43 — Six portraits divers dont F. de Clermont, Charles II d'Angleterre.

BOUT (P.)

44 — Les Marchands de poissons (B. 1).

Très-belle épreuve.

45 — Les Patineurs (B. 2).
Superbe épreuve.

BRIDOUX

46 — La Vierge dite Aldobrandini, d'après Raphaël.
Belle épreuve.

47 — Portrait de Louis-Philippe, d'après Winterhalter.

BRUYN (N. DE)

48 — Le Lion tenant sa cour.
Jolie petite pièce.

BYE (MARC DE), BRIL (B.), RECLAM, S. WYNGAERDE ET AUTRES.

49 — Le Muletier, Paysages divers.
Douze pièces.

CALAMATTA (LUIGI)

50 — Le Vœu de Louis XIII, d'après Ingres.
Superbe épreuve avant toutes lettres et avec le pied de l'enfant qui tient la tablette, blanc; elle est sur papier de Chine.

CARON (ADOLPHE)

51 — Faust apercevant Marguerite pour la première fois, d'après Ary-Scheffer,
Superbe épreuve avant toutes lettres, sur papier de Chine.

52 — La même Estampe avec la lettre papier de Chine.

CASANOVA (F.) ET AUTRES

53 — Combat de Cavalerie, Paysages et Animaux.
Quatre pièces.

CASTIGLIONE (J. B.)

54 — La Vierge à genoux près de la crèche (B. 7); la Résurrection de Lazare (B. 6); la Mélancolie (B. 22).
3 piéces.
Belles épreuves.

CIAMBERLANO (L.)

55 — Les Chanteurs, d'après Marc-Antoine.
Très-belle épreuve.

CLAESSENS (L. A.)

56 — La Descente de croix, d'après Rubens.
Superbe épreuve avant la lettre (lettres tracées).

57 — La Femme hydropique, d'après G. Dow.
Superbe épreuve avant toutes lettres; seulement les noms d'artistes
tracés.

58 — La même Estampe.
Très-belle épreuve avant toutes lettres et avant la bordure.

COMPOTOSTO (H.)

59 — Venez à moi vous tous qui souffrez et vous serez
soulagés, d'après J. Van Eycken.
Belle épreuve.

CORR (ERIN)

60 — Le Sauveur du Monde, d'après L. de Vinci.
Très-belle épreuve avant la lettre; sur papier de Chine.

61 — La même Estampe.
Belle épreuve sur papier de Chine.

COUSIN

62 — Mater Dolorosa, d'après Murillo.
Très-belle épreuve avant toutes lettres; sur papier de Chine.

CUYP (ALBERT)

63 — Bœufs et Vaches dans des prairies.
Suite de six pièces.

DEBUCOURT

64 — La Promenade publique.
Pièce imprimée en couleur.
Très-belle épreuve.

DE FREY

65 — Les Disciples d'Emmaüs, l'Architecte de la marine et sa femme, 2 pièces d'après Rembrandt.

Belles épreuves avant la lettre.

DESCLAUX

66 — Les Moissonneurs et les Pêcheurs, d'après L. Robert.

Très-belles épreuves avant toutes lettres, sur papier de Chine.

67 — Les mêmes Estampes.

Belles épreuves avant la lettre, sur papier de Chine.

DESNOYERS (A. B. Baron)

68 — La Vierge au Poisson, d'après Raphaël.

Superbe épreuve avant la lettre, lettres tracées.

69 — La belle Jardinière, d'après Raphaël.

Ancienne épreuve.

DEYSTER (Louis de)

70 — Agar s'enfuyant (B. 1); Agar engagée par l'ange à retourner chez sa maîtresse (B. 2); la Madeleine (B. 5); deux Amours (B. 6). 4 pièces.

Belles épreuves.

DOO (G.)

71 — La Prédication de John Knox, d'après Wilkie.

Très-belle épreuve avant toutes lettres; sur papier de Chine.

72 — La Résurrection de Lazare, d'après Sébastien del Piombao.

Belle épreuve.

DU JARDIN (Karel)

73 — L'homme qui se chausse (B. 11).

Superbe épreuve du 1er état, avant le numéro; elle a une petite marge.

DUPONT (M. Henriquel)

74 — Moïse sauvé des eaux, d'après P. Delaroche.
Très-belle épreuve avant la lettre, sur papier de Chine.

75 — Le Christ consolateur, d'après Scheffer.
Superbe épreuve d'artiste avant toutes lettres et avec les inscriptions en français dans le haut de la gravure ; elle est sur papier de Chine.

76 — La même Estampe sur papier de Chine.

77 — La même Estampe gravée par Fleischmann, sous la direction de M. H. Dupont.
Superbe épreuve avant la lettre ; sur papier de Chine.

78 — Le Christ descendu de la croix, d'après P. Delaroche.
Superbe épreuve d'artiste sur chine, avec les noms à la pointe.

79 — La même Estampe.
Belle épreuve avant la lettre.

80 — La Vierge avec l'Enfant Jésus, d'après un dessin de Raphaël.
Très-belle épreuve avant la lettre.

81 — Lord Strafford, d'après P. Delaroche.
Très-belle épreuve avant toutes lettres ; sur papier de Chine.

82 — L'Hémicycle du Palais des Beaux-Arts, d'après P. Delaroche.
Magnifique épreuve avant toutes lettres sur papier de Chine. Elle est contre-collée sur carton.

83 — Portrait d'Ary-Scheffer, d'après Benouville.
Très-belle épreuve avant toutes lettres.

84 — Portrait de Pierre-le-Grand, d'après P. Delaroche.
Première épreuve sur papier de Chine, avec les noms en petites lettres.

84 bis — Portrait du comte Duchâtel, d'après P. Delaroche.
Superbe épreuve d'artiste, sur papier de Chine.

DURER (ALBERT)

83 — La Vierge au Singe (B. 42); saint Georges à cheval (B. 54). (Copie) plus les apôtres, gravure sur bois par un anonyme.

Trois pièces.

86 — Saint Jérôme dans sa cellule (B. 60).

Magnifique épreuve.

87 — Saint Jérôme en pénitence (B. 61).

EDELINCK (GÉRARD)

88 — Le Christ aux Anges, d'après Ch. Lebrun (R. D. 17).

Très-belle épreuve avant l'adresse de Drevet.

89 — La Sainte-Famille, d'après le tableau de Raphaël, qui est au Musée du Louvre (R. D. 4).

Superbe épreuve avant les armes de l'abbé Colbert, placées au bas du milieu de l'estampe.

90 — La même Estampe.

Épreuve moderne.

91 — Champagne (Philippe de), célèbre peintre (R. D. 164.)

Superbe épreuve du 1er état, avant le trait échappé.

EICHENS

92 — La Vision d'Ezéchiel, d'après Raphaël.

Très-belle épreuve avant la lettre.

93 — La même Estampe.

Belle épreuve avec la lettre.

ESTÈVE (RICHARD)

94 — Le Frappement du Rocher, d'après Murillo.

Superbe épreuve d'artiste, sur papier de Chine.

FELSING (G.)

95 — Salvator Mundi, d'après L. du Vinci.
Très-belle épreuve avant toutes lettres , sur papier de Chine.

FESSARD

96 — Fête flamande, d'après Rubens.

FORSTER (M. François)

97 — La Vierge au Bas-Relief, d'après L. da Vinci.
Superbe épreuve avant toutes lettres, seulement les mots, *épreuve d'essai*, écrits au milieu de la planche ; elle est sur papier de Chine.

98 — La même Estampe.
Avec la lettre.

99 — La Vierge à la Légende, d'après Raphaël.
Très-belle épreuve avant la lettre.

100 — Sainte Cécile, d'après P. Délaroche.
Superbe épreuve avant toutes lettres , sur papier de Chine.

101 — La même Estampe.
Très-belle épreuve avant la lettre, sur papier de Chine ; elle est signée de l'auteur.

102 — Les trois Grâces, d'après Raphaël.
Superbe épreuve d'artiste, sur papier de Chine, portant le n° 44.

103 — François 1er et Charles-Quint visitant les tombeaux de Saint-Denis, d'après Gros.
Superbe épreuve avant toutes lettres, sur papier de Chine.

FORSTER et MARTINET

104 — Mater Dei, d'après Guido Reni.
Très-belle épreuve.

FORSTER (F.) LEROY (A.)

105 — Uranie, d'après Raphaël ; Mater Dolorosa, d'après
V. Dyck.

Deux pièces.

FORTIER

106 — La Forêt vierge du Brésil, d'après le comte de
Clarac.

Épreuve d'artiste.

FRANÇOIS (ALPHONSE)

107 — Marguerite à l'Eglise, d'après Scheffer.

Belle épreuve sur papier de Chine.

108 — Mignon et son père, d'après Ary Scheffer.

Très-belle épreuve avant toutes lettres, sur papier de Chine.

109 — La Tentation du Christ, d'après Ary Scheffer.

Superbe épreuve avant toutes lettres, sur papier de Chine.

110 — Pic de la Mirandole, d'après P. Delaroche.

Très-belle épreuve avant la lettre, sur papier de Chine.

111 — La même Estampe.

Belle épreuve sur papier de Chine.

112 — Marie-Antoinette au tribunal révolutionnaire, d'a-
près P. Delaroche.

Superbe épreuve avant toutes lettres, sur papier de Chine.

113 — Le général Bonaparte franchissant les Alpes, d'a-
près Paul Delaroche.

Superbe épreuve avant toutes lettres, sur papier de Chine.

114 — La même Estampe.

Très-belle épreuve avant la lettre, sur papier de Chine.

115 — La même Estampe.

Belle épreuve avec la lettre.

FRANÇOIS (JULES)

116 — Napoléon à Fontainebleau, d'après P. Delaroche.

Superbe épreuve avant toutes lettres, sur papier de Chine.

117 — La même Estampe.

Belle épreuve avec la lettre.

118 — Jésus en prière au Jardin des Oliviers, d'après P. Delaroche.

Très-belle épreuve avant la lettre, sur papier de Chine.

119 — Pèlerins sur la place Saint-Pierre de Rome, d'après P. Delaroche.

Très-belle épreuve avant la lettre, sur papier de Chine.

120 — La même Estampe.

Belle épreuve sur papier de Chine.

GARAVAGLIA

121 — Agar dans le désert, d'après Le Baroche.

Très-belle épreuve avant toutes lettres.

GARNIER (F.)

122 — La Vierge aux balances, d'après L. du Vinci.

Belle épreuve.

GELLEE (CLAUDE), dit CLAUDE LE LORRAIN

123 — La Danse au bord de l'eau (R. D. 6).

Très-belle épreuve du 2e état. Les bords de la planche sont très-raboteux (Collection Arozarena.)

124 — Le Soleil couchant (R. D. 15).

Superbe et rare épreuve du 3e état, avant le millésime 1634. (Collection Esdaile et Arozarena.)

125 — Le Campo-Vaccino (R. D. 23).

Superbe épreuve avant la lettre du 4e état, très-rare; les premiers états sont presque uniques.

GERMAIN

126 — Études de têtes de différents caractères.

Jolie pièce rare.

GLASER (A.)

127 — L'Adoration des Mages, d'après Francia.

Très-belle épreuve.

GODEFROY

128 — La Bataille d'Austerlitz, d'après Gérard.

Superbe épreuve avant toutes lettres. (Dite ainsi au canon blanc.)

129 — Le Congrès de Vienne, d'après Isabey.

Très-belle épreuve avant la lettre.

GOLE

130 — Les Disciples d'Emmaüs.

Belle épreuve.

GOLTZIUS (Henri)

131 — La Vierge pleurant sur le corps mort de Jésus-Christ qui est étendu sur ses genoux, d'après A. Durer (B. 41).

Magnifique épreuve.

HOLLAR (W.)

132 — Cathédrale d'Anvers.

Belle épreuve.

JESI (Samuel)

133 — La Vierge du Palais Tempi, d'après Raphaël.

Très-belle épreuve avant toutes lettres, seulement le nom de Jesi tracé à la pointe.

134 — La Vierge à la Vigne, d'après P. Delaroche.

Très-belle épreuve avant la lettre, sur papier de Chine.

135 — La même Estampe avec la lettre.

Belle épreuve sur chine.

136 — Le pape Léon X, d'après Raphaël.

Superbe épreuve de remarque, avant toutes lettres, sur papier de Chine. (Épreuve dite ainsi au bouton blanc.)

137 — La même estampe.

Très-belle épreuve avant la lettre, sur papier de Chine; elle est signée du graveur.

138 — La même Estampe.

Belle épreuve avec la lettre.

JOUBERT (F.)

139 — Penserosa! d'après Winterhalter.

Belle épreuve avant la lettre.

140 — La même Estampe.

Avec la lettre.

JOULLAIN

141 — Suite d'Estampes des principaux sujets des Comédies de Molière, gravées sur les esquisses de Charles Coypel. 6 pièces.

Très-belles épreuves.

KELLER

142 — La Vierge dite du Mont de Saint-Apollinaire, d'après Deger.

Superbe épreuve avant toutes lettres, sur papier de Chine, signée du graveur.

143 — Les Saintes Femmes au tombeau du Christ, d'après Ary Scheffer.

Très-belle épreuve avant toutes lettres, sur papier de Chine.

KELLERHOVEN

144 — Le Couronnement de la Sainte Vierge, d'après
J. Angelico de Fiesole.

Épreuve en chromolithographie.

KNOLLE

145 — Le Denier de César, d'après Titien.

Très-belle épreuve avant toutes lettres.

146 — La même Estampe.

Belle épreuve avant la lettre.

147 — La même estampe.

Avec la lettre.

LASNE (Attribué à M.)

148 — La Sainte Vierge avec l'Enfant Jésus, d'après Rubens.

Belle épreuve.

LAUGIER

149 — La belle Jardinière, d'après Raphaël.

Belle épreuve.

150 — Le Ravissement de saint Paul, d'après le Poussin.

Très-belle épreuve avant toutes lettres; sur papier de Chine.

151 — La même Estampe.

Très-belle épreuve avant la lettre, sur papier de Chine.

152 — Pygmalion et Galathée, d'après Girodet-Triason.

Très-belle épreuve avant la lettre, sur papier de Chine.

153 — Portrait de Napoléon en pied dans son cabinet,
d'après David.

Épreuve avant toutes lettres.

154 — Le général Bonaparte visitant les pestiférés de
Jaffa, d'après Gros.

Très-belle épreuve avant toutes lettres, sur papier de Chine.

155 — La même Estampe.

Belle épreuve avant la lettre.

LE BEAU

156 — Portrait de Marie-Antoinette.

Belle épreuve.

LECONTE (M. NARCISSE)

157 — La Vierge à la Perle, d'après Raphaël.

Très-belle épreuve avant toutes lettres et avec les deux chevilles blan-
ches sur le bord du berceau ; elle est sur papier de Chine.

158 — La même Estampe avec la lettre.

Belle épreuve sur papier de Chine.

159 — Lamennais, d'après Ary Scheffer.

Très-belle épreuve d'artiste sur papier de Chine.

LEFÈVRE (ACHILLE)

160 — Sainte Cécile, d'après Raphaël.

Superbe épreuve avant toutes lettres, seulement les noms d'auteurs
tracés à la pointe ; elle est sur papier de Chine.

LEU (THOMAS DE)

161 — Portrait de Montaigne (Michel de).

Très-belle épreuve.

LIGHTFOOT

162 — La Vierge dite du palais Colonna, d'après Raphaël.

Superbe épreuve d'artiste sur papier de Chine.

LIGNON, BONAINI

163 — Talma, d'après Picot ; la Fornarina, d'après Raphaël.

Deux pièces.

LIONI (Octavio)

164 — Différents portraits d'artistes. 7 pièces.

Belles épreuves

LONGHI (Joseph)

165 — Le Mariage de la Vierge, d'après Raphaël.

Superbe épreuve avant les quatre vers.

166 — La Sainte Famille, d'après Raphaël.

Superbe épreuve avant toutes lettres, seulement le nom de Longhi tracé à la pointe.

167 — La Madonna del Lago, d'après L. du Vinci.

Superbe épreuve avant la lettre, lettres tracées.

168 — La même Estampe.

Belle épreuve avec la lettre.

169 — Madeleine dans le désert, d'après le Corrège.

Très-belle épreuve avant la lettre.

LORICHON

170 — La Vierge au Rideau, d'après Raphaël.

Très-belle épreuve d'artiste sur papier de Chine.

171 — La même Estampe.

Très-belle épreuve avant la lettre, sur papier de Chine.

172 — La même Estampe avec la lettre.

Belle épreuve sur chine.

LOUIS (Aristide)

173 — La Vierge an Lys, d'après L. de Vinci.

Très-belle épreuve de l'état de la planche à la mort du graveur.

174 — Mater Dolorosa, d'après Ribera.

Superbe épreuve avant la bordure, portant la signature du graveur ; elle est sur papier de Chine.

175 — La même Estampe.

Très-belle épreuve avant la lettre, sur papier de Chine.

176 — La même Estampe.

Belle épreuve avec la lettre, sur papier de Chine.

177 — L'Innocence, d'après Greuze.

Superbe épreuve d'artiste avant toutes lettres sur chine et avant la bordure ; elle porte le n° 2 et la signature d'A. Louis gravée à la pointe.

178 — Napoléon, empereur, d'après P. Delaroche.

Très-belle épreuve avant toutes lettres ; elle porte la signature du graveur.

LUTZ (Peter)

179 — La Madone entourée de quatre saints, d'après le tableau de Ramenghi-Bagnocavello, de la galerie de Dresde.

Très-belle épreuve sur papier de Chine.

180 — La Madone de saint François, d'après le Corrège.

Très-belle épreuve avant toutes lettres, sur papier de Chine.

MAITRE ANONYME

181 — Les Apôtres.

Suite de douze pièces, dont nous n'avons que onze.

MAITRES ANONYMES DES XVᵉ ET XVIᵉ SIÈCLES
DES ÉCOLES ITALIENNE ET ALLEMANDE

182 — Douze pièces : Sujets religieux.

MAITRE ANONYME ITALIEN DU XVᵉ SIÈCLE

183 — Sujet biblique.

Pièce très-curieuse.

MANDEL (E.)

184 — La Veuve, d'après L. Robert.

Belle épreuve.

MARTINET (M. ACHILLE)

185 — La Vierge à l'Oiseau, d'après Raphaël.

Superbe épreuve avant toutes lettres, sur papier de Chine.

186 — La même Estampe.

Superbe epreuve d'artiste, sur papier de Chine.

187 — La même Estampe.

Très-belle épreuve avant la lettre, sur papier de Chine.

188 — La même Estampe.

Épreuve sur chine avec la lettre.

189 — La Vierge au Palmier, d'après Raphaël.

Très-belle épreuve avant la lettre.

190 — La Vierge à la Rédemption, d'après Raphaël.

Très-belle épreuve.

191 — Charles 1ᵉʳ insulté par ses gardes, d'après P. Delaroche.

Très-belle épreuve avant toutes lettres sur papier de Chine; elle est signée du graveur.

192 — La même Estampe.

Belle épreuve avant la lettre.

193 — Derniers moments du comte d'Egmont, d'après L. Gallait.

Très-belle épreuve avant la lettre, sur papier de Chine.

194 — Derniers Honneurs rendus aux comtes d'Egmont et de Horn, d'après L. Gallait.
Superbe épreuve d'artiste sur papier de Chine.

195. — La même Estampe avec la lettre.
Belle épreuve.

199 — Le Tintoret au lit de mort de sa fille, d'après L. Cogniet.
Très-belle épreuve avant la lettre.

197 — La même Estampe avec la lettre.
Belle épreuve avec la lettre.

MASQUELIER

198 — La mise au Tombeau, d'après Raphaël.
Superbe épreuve d'artiste, sur papier de Chine.

199 — La même Estampe.
Belle épreuve avant la lettre, sur papier de Chine.

200 — La même Estampe avec la lettre.
Épreuve sur papier de Chine.

MASSARD (R.-U.)

201 — Louis XVIII, d'après Gérard.
Très-belle épreuve avant toutes lettres, portant la signature de F. Gérard.

MASSARD et LAUGIER

202 — Les Sabines, Léonidas aux Thermopiles. 2 pièces d'après David.
Superbes épreuves avant la lettre sur papier de Chine.

MECKEN (Israel V.)

203 — La Décollation de saint Jean-Baptiste (B. 8).
Belle épreuve.

204 — La Prise de Jésus-Christ (B. 11).

Belle épreuve.

205 — Jésus-Christ amené chez Caïphe (B. 12).

Belle épreuve.

206 — Le Couronnement d'épines (B. 14).

Belle épreuve.

207 — Jésus-Christ amené chez Pilate (B. 15).

Belle épreuve.

208 — Jésus-Christ montré au peuple (B. 16).

Belle épreuve.

209 — Saint Christophe (B. 90).

MERCURY (P.)

210 — Sainte Amélie, d'après P. Delaroche.

Superbe épreuve d'artiste avec les noms à la pointe, sur papier de Chine.

211 — Les Moissonneurs dans les marais Pontins, d'après L. Robert.

Superbe épreuve d'artiste avec les noms d'artistes à la pointe, sur papier de Chine ; elle est signée du graveur.

212 — Le Supplice de Jane Gray, d'après P. Delaroche.

Très-belle épreuve avant toutes lettres, sur papier de Chine.

213 — La même Estampe avec la lettre.

Belle épreuve sur papier de Chine.

214 — Portrait de Mme de Maintenon, d'après l'Émail de Petitot.

Épreuves avant toutes lettres.

215 — Christophe Colomb.

Belle épreuve.

MERZ

216 — La Destruction de Jérusalem, d'après Kaulbach.

Très-belle épreuve avant toutes lettres, sur papier de Chine.

METZMACHER

217 — La Vierge à la Chaise, d'après Raphaël.

Très-belle épreuve avant toutes lettres et avant la bordure, sur papier de Chine.

METZMACHER, PANNIER

218 — La Vierge au Linge, le Mariage de la Vierge, d'après Raphaël.

Épreuves avec la lettre.

MONDET (G.)

219 — Jeune Circassienne au bain, Autel du jeune Bacchus, d'après Vien, etc.

Onze pièces.

MORGHEN (Raphael L.)

220 — La Cène, d'après Léonard de Vinci.

Superbe épreuve avant la lettre (la dédicace et les noms d'auteurs tracés.

221 — La même Estampe.

Ancienne épreuve.

221 bis — La Transfiguration, d'après Raphaël.

Très-belle épreuve de souscription, portant le n° 350 et la signature de R. Morghen.

222 — Le Char de l'Aurore, d'après Guido Reni.

Très-belle épreuve avant la lettre.

223 — Portrait équestre du général François de Mont-
cade, d'après Van-Dick.

Très-belle épreuve avant la lettre, lettres tracées.

224 — Louis XVIII.

Épreuve avant toutes lettres.

MOYAERT

225 — Sujets bibliques.

Quatre pièces en largeur.

MULLER (FRÉDÉRIC)

226 — Saint Jean l'évangéliste, d'après le Dominiquin.

Superbe épreuve avant toutes lettres; seulement les noms d'artistes qui
ont été grattés.

MULLER ET SCHULER

227 — Agar dans le Désert, d'après le Corrège.

Très-belle épreuve avant la lettre, sur papier de Chine.

NAWHENS (J.)

228 — Il ne pleut plus, d'après Verheyden.

Belle épreuve.

OSTADE (ADRIEN V.)

229 — La Danse au cabaret (B. 49).

Très-belle épreuve avant le travail très-serré à la pointe sèche, pro-
duisant l'effet de la manière noire, et avant que les bords de la planche
aient été nettoyés. (Collections Verstolk de Saelen, Van den Zande et
H. Dreux.)

230 — L'Auberge (B. page 384).

Pièce douteuse.

OVERBECK (C.)

231 — Scènes champêtres et Paysages. 6 pièces.

Très-belles épreuves; quatre sont avant la lettre.

PANNEELS

232 — Judith, le Baptême du Christ, sainte Cecile, etc.

Quatre pièces d'après Rubens.

PANNIER

233 — Richelieu, d'après Ph. de Champagne.

Très-belle épreuve avant toutes lettres, sur Chine.

234 — Nicolas Poussin, d'après lui-même.

Très-belle épreuve avant toutes lettres, sur Chine.

PESNE (J.)

235 — Les sept Sacrements, d'après Nicolas Poussin (B. D. 20-26).

Superbes épreuves du 1er état avant l'adresse d'Audran; l'Eucharistie (R. D. 23) porte seulement ce titre : *Hoc faccte in meam, commemorationem*, Luc, cap. 22, et est extrêmement rare dans cet état.

PESNE, ROUSSELET, STELLA ET AUTRES.

236 — Le Testament d'Eudamidas, le Frappement du Rocher, Moïse sauvé des eaux, Eliézer et Rébecca.

Six pièces d'après Poussin, Pigeot et Lacour.

237 — Le Ménage hollandais, d'après G. Dow.

Très-belle épreuve avant toutes lettres, sur papier de Chine.

238 — La même Estampe.

Belle épreuve d'artiste, sur papier de Chine.

239 — La même Estampe.

Belle épreuve avant la lettre (lettres tracées); elle est sur Chine.

PITAU (N.)

240 — Portrait de saint Vincent-de-Paule, d'après saint François.

Très-belle épreuve.

PLATTE-MONTAIGNE (N. DE)

241 — Le Christ mort, d'après P. de Champaigne.

Belle épreuve.

PONTUIS (P.)

242 — La Vierge et l'Enfant Jésus, d'après Van-Dick.

Superbe épreuve portant la signature de P. Mariette, 1674.

PORPORATI

243 — Vénus qui caresse l'Amour, d'après Pompéo Battoni.

Superbe épreuve avant toutes lettres.

POTTER (PAUL)

244 — Différents chevaux : le Cheval de la frise, le Cheval hennissant, le Courtaud, les Chevaux de charrue et la Mazette (B. 9-14).

Suite de cinq estampes. Magnifiques épreuves d'une même égalité de tirage et très-rares. (Collection Arozanera.)

PRÉVOST (Z.)

245 — Fête à la Madone de l'Arc, l'Improvisateur. 2 pièces d'après L. Robert.

Belles épreuves sur papier de Chine.

RAIMONDI (MARC ANTONIA)

246 — Le Massacre des Innocents, d'après Raphaël.

Superbe épreuve portant la signature de Mariette.

247 — La Vierge asssise sur des nues, d'après Raphaël (B. 53).

Superbe épreuve.

248 — Le Martyre de saint Laurent, d'après Baccio Bandinelli (B. 104).

Magnifique épreuve ; les traces de la seconde fourche qui existent dans le 1ᵉʳ état sont très-apparentes. Très-rare à rencontrer de cette beauté. Elle porte la signature de P. Mariette, 1670.

249 — Alexandre faisant serrer les livres d'Homère (B. 207).

Belle épreuve.

250 — Cupidon et les trois Grâces (B. 344).

Belle épreuve.

REMBRANDT

251 — Jésus-Christ guérissant les malades, dite la Pièce de cent florins (B. 74). Cl. 78.

Très-belle et rare épreuve du 1ᵉʳ état.

252 — Ecce Homo (B. 77). Cl. 82.

Magnifique épreuve provenant de la Collection Durand. Rare de cette beauté.

252 bis. Jésus-Christ en croix entre les deux Larrons (B. 79). Cl. 84.

Superbe épreuve.

253 — Jésus-Chrit au tombeau (B. 86). Cl. 90.

Très-belle épreuve.

254 — La Coupeuse d'ongles (B. 127). Cl. supp., page 105, nº 3.

Superbe épreuve.

255 — Le Paysage aux trois Arbres (B. 212). Cl. 209.

Très-belle épreuve.

256 — Portrait du docteur Ephraïm Bonus, dit le Juif à la Rampe (B. 278). Cl. 275.

Très-belle épreuve.

REVEL

257 — La Cruche cassée, d'après Greuze.

Belle épreuve avant toutes lettres.

RICHOMME (J.-T.)

258 — La Vierge au Silence, d'après A. Carrache.

Très-belle épreuve d'artiste, sur papier de Chine.

259 — La même Estampe avec la lettre.

Belle épreuve.

260 — Napoléon, d'après Gérard.

Épreuves avant toutes lettres.

RICHOMME ET DIEN

261 — La Sainte Famille, d'après Raphaël.

Superbe épreuve avant toutes lettres.

262 — La même Estampe avec la lettre.

Belle épreuve.

ROBETTA

263 — L'Adoration des Rois, le jeune Homme lié contre un arbre (B. 17). 2 pièces.

Belles épreuves.

RODEN (WILHEM)

263 bis. Portrait de P. P. Rubens, d'après lui-même.

Belle épreuve.

RODERMONT

263 ter. Les Suppliants.
Très-belle épreuve.

ROOGMAN

264 — Différentes Marines et Paysages.
Dix pièces.

RUHIERRE

265 — Reddition d'Ulm, d'après V. Adam.
Belle épreuve avant toutes lettres.

RYCKEMANS

266 — L'Adoration des Mages, d'après Rubens (B. 12. N. T).

STEINLA (Maurice)

267 — Le Christ descendu de la croix, d'après Fra Bartolomeo.
Superbe épreuve avant toutes lettres.

268 — Le Massacre des Innocents, d'après Raphaël.
Très-belle épreuve avant toutes lettres, sur papier de Chine.

269 — La même Estampe avec la lettre.

270 — La Madone de saint Sixte, d'après Raphaël.
Superbe épreuve d'artiste avant toutes lettres.

271 Sanctissima mater Dei. Les personnages qui sont à droite et à gauche de la Vierge sont le bourgmestre Meier, sa femme et ses enfants, d'après Holbein.
Superbe épreuve d'artiste, seulement les noms d'auteurs tracés.

272 — Madonna, d'après Palma Vecchia.

Superbe épreuve avant toutes lettres, sur papier de Chine, avec un petit croquis dans la marge du bas, représentant le portrait de l'auteur.

273 — La même Estampe.

Belle épreuve avant la lettre.

274 — La même Estampe.

Belle épreuve.

STOOP (T.)

275 — Paysan accompagné de deux chiens (B. 6). Épreuve avant le numéro. Combat de cavalerie.

Deux pièces.

STRANGE (R.)

276 — Le Sommeil de l'Enfant Jésus, d'après Van-Dyck.

Superbe épreuve avant toutes lettres.

SWANEWELT (H.)

277 — Paysages ornés de Satyres (B. 51-52), la Montagne (B. 113). 3 pièces.

Le n° 52 est avant la lettre et très-rare.

TENIERS (DAVID)

278 — La Fête flamande.

Très-belle épreuve du 1er état.

THATER (J.)

279 — La Dispersion des Peuples, d'après Kaülbach.

THÉVENIN

280 — L'Enfant charitable, d'après Ary Scheffer.

Superbe épreuve avant toutes lettres, sur papier de Chine.

TOSCHI (PAOLO)

281 — La Spasimo di Sicilia, d'après Raphaël.

Superbe épreuve avant toutes lettres, signée du graveur. (Plusieurs parties ne sont pas terminées.)

282 — La Descente de croix, d'après Daniel de Volterre.

Très-belle épreuve avant toutes lettres.

283 — La même Estampe.

Très-belle épreuve d'artiste, sur papier de Chine.

284 — La même Estampe.

Très-belle épreuve avant la lettre (lettres tracées).

285 — La Madonna della Scodella, d'après le Corrège.

Superbe épreuve avant toutes lettres.

286 — Le Testament d'Eudamidas, d'après Le Poussin; planche commencée par Bervic.

Belle épreuve avant toutes lettres.

287 — Entrée de Henri IV dans Paris, d'après Gérard.

Très-belle épreuve avant toutes lettres, avant les tailles sur le collet de l'homme qui est à gauche, et avant les les travaux sur la lettre H, qui se trouve sur l'étendart à la droite de la composition. Elle est sur papier de Chine.

UDEN (LUCAS VAN)

288 — Différents paysages, (B. 21, 24, 25, 26, 27, 29, 30, 32, 34). 9 pièces.

Belles épreuves.

289 — Deux Paysages, d'après Rubens et le Titien (B. 54 et 58).

Belles épreuves.

VELDE (ADRIEN VAN)

290 — Les Chiens (B. 9).

Très-belle épreuve, tirée sur papier à la Folie.

291 — La Vache et les deux Moutons au pied d'un arbre (B. 11), le Bœuf pie et les trois Moutons (B. 12), les deux Vaches au pied d'un arbre (B. 13). 3 pièces.

Très-belles épreuves.

VILLEREY

291 bis. — L'Innocence poursuivie, d'après Prud'hon.

Très-belle épreuve avant la lettre.

VISCHER (C.)

292 — Pierre Scrivérius.

Très-belle épreuve.

VOLPATO

293 — L'École d'Athènes, d'après Raphaël.

Très-belle épreuve avant toutes lettres.

WILLE (J.-G.)

294 — Repos en Égypte, d'après Diétricy.

Épreuve avant toutes lettres et avant les armes.

295 — La Cuisinière hollandaise, d'après Metzu; la Gazetière hollandaise, d'après Terburg ; la Mort de Cléopâtre, d'après Diétricy. 3 pièces.

Trois pièces.

296 — Les Soins maternels et les Délices maternels, d'après Wille fils.

Belles épreuves avant la dédicace.

297 — La Tante de Gérard Dow, d'après G. Dow.

Belle épreuve avant la lettre.

WITDOUC

298 — Élévation en croix, d'après Rubens (B. 78 du N. T).

Très-belle épreuve.

WOOLLETT (W.)

299 — Judas et Thamar, d'après A. Carrache.

Très-belle épreuve avant la lettre.

300 — Tobie et l'Ange, d'après Glauber.

Très-belle épreuve avant la lettre (lettres tracées).

301 — Solitude, d'après Wilson.

Épreuve avant la lettre (lettres tracées).

302 — La Bataille de la Hogue, d'après West.

Très-belle épreuve avant la lettre (lettres tracées).

ZAGEL

308 — Lueur et Obscurité (B. 21).

Belle épreuve.

ZEEMAN (R.)

304 — Deux Marines faisant partie de la suite (B. 107-118).

Très-belles épreuves du 1er état, avant le nom de Zeeman.

Renou et Maulde, imprimeurs de la Compagnie des Commissaires-Priseurs, rue de Rivoli, 144. 11271

293 bis.   2 repos en Egypte.
            Blanchard chien ~~et blanc~~ —   15
293 bis   2 avec la lettre chien et blanc   10
293 bis   7 pièces —   6.50
293 bis /3 St Jean ~~A Bonaparte~~   8.50
293 bis   la madeleine Petrarch. 31   Cl
293 b   2 p. anderton   5.50
293 b   5 pièces —   5.50
293   1 overberch —
293 bis   1 Charles X au salon — 17.50
293 b   don Pedro ... —   11 - Cl
293   3 pièces Bonaparte   7 Cl